www.ingramcontent.com/pod-product-compliance
Lightning Source LLC
LaVergne TN
LVHW071459180726
843512LV00018B/1426

أَشْكو خوفي لأَبي وأُمي

أَخَافُ أَنْ أَخَافَ

أَخَافُ أَنْ أَخَافَ
فَقَالُوا لِي: أَنْتَ شُجَاعٌ لِأَنَّكَ
تَعْتَرِفُ بِالْخَوْفِ

أَخَافُ مِنْ سَفَرِ وَالِدِي وَالِاشْتِيَاقِ
إِلَيْهِ، أَمَّا هُوَ فَلَا يَلْبَثُ أَنْ يَعُودَ

أَخَافُ مِنَ الوُقُوعِ حِينَ أَرْكَبُ الدَّرَّاجَةَ، أَمَّا ابْنُ عَمِّي فَيُمْسِكُ بِي جَيِّدًا

أَخَافُ مِنَ الْمُهَرِّجِ مَتَى كَانَ مُلَوَّنًا كَثِيرًا، أَمَّا صَدِيقِي فَسَيَقُولُ لِي: «إِنَّها مَسَاحِيقُ لِلتَّبَرُّجِ»

أَخَافُ مِنَ الْأَفْلَامِ فِي التِّلْفَازِ، أَمَّا خَالِي الْمُتَخَصِّصُ فِي السِّينَمَا يَقُولُ: «إِنَّهَا مُجَرَّدُ أَفْلَامٍ غَيْرِ حَقِيقِيَّةٍ»

أَخَافُ مِنَ الرُّسُوبِ فِي الْمَدْرَسَةِ،

أَمَّا مُعَلِّمَتِي فَتَقُولُ لِي: «مَنْ يَدْرُسْ جَيِّدًا يَنْجَحْ بِامْتِيازٍ»

أَخَافُ مِنْ صَوْتِ سَيَّارَةِ الْإِسْعَافِ، أَمَّا أَخِي فَيُعَلِّمُنِي أَنَّهَا تَحْمِي النَّاسَ وَتَأْخُذُهُمْ إِلَى الْمُسْتَشْفَى حَيْثُ يُشْفَوْنَ

أَمَّا أُخْتِي فَتَقُولُ لِي: «إِنَّه مَحْجُوزٌ فِي قَفَصٍ»

أَخَافُ مِنْ فَأْرِ الْجِيرَانِ،

أَمَّا أَبِي فَيُطَمْئِنُنِي
أَنَّهُ بَعِيدٌ

أَخَافُ مِنَ الذِّئْبِ فِي الْغَابَةِ،

حين أخاف

تأليف: رولا سعادة

رسوم: هشام سليمان

الطبعة الأولى
2023

Website: www.alrouqy.com   -   Email: info@alrouqy.com